LA BASTARDA TIBIEZA

Tanchi Villalobos Garnham

Valparaíso
EDICIONES

VALPARAÍSO POESÍA

Diseño de interior y maquetación: Chari Nogales
www.charinogales.com @chari_nogales

Primera edición: octubre de 2024

© De los poemas: Tanchi Villalobos Garnham

© Valparaíso Ediciones
   C/ Fray Leopoldo, 7 bajo, 18014 Granada
   www.valparaisoediciones.es

   ISBN: 978-84-10073-94-4
   Depósito Legal: GR 1535-2024

   Impreso en España - *Printed in Spain*
   Gráficas Gami

El papel utilizado para la impresión de este libro está calificado como papel ecológico y procede de bosques gestionados de manera sostenible.

1

¿Qué vas a hacer
cuando te
quedes sola?

¿A quién le vas
a echar la culpa?

Y lo que planeé decirte
por tanto tiempo
se me deshizo en la boca
Dejándome la lengua porosa
y los labios amargos

Llega un momento
en que descubrimos
que habernos conocido
no tiene ningún sentido

Que habernos conocido
tiene tan poca importancia
como un choque de hombros
en la calle
donde nadie se da vuelta
a pedir perdón

—No más limosnas por favor

Y en la vereda
dio vuelta su vaso
lleno de promesas

¿Qué era lo que te gustaba a ti?
¿Lo que te hacía vibrar?
¿Lo que te ponía de buen humor?
¿Con qué estallaba tu risa?

¿Cómo gemías tú?

Tú dices que sí
Pero no

No estoy
Ni en tus pensamientos
Ni en tus plegarias
Ni en la punta de los dedos
Ni en la punta de la lengua
Ni en tus sueños
Ni en tu memoria
Ni en tu almohada
Ni en tus zapatos
Ni al desayuno
Ni en la cena
Ni junto al billete perdido en una chaqueta que no usas
    en años
Ni en un raspe
Ni en el bolsillo perro
Ni donde guardas las monedas en el auto
Ni como foto carnet en tu billetera
Ni como retrato en tu escritorio
Ni en el plato donde enfrías tu té supremo
Ni en tu *Starbucks caramel macchiato* descafeinado con
leche de soya
Ni en la lista del supermercado

Ni en la hora de la peluquería
Ni en tu meditación
Ni en tu yoga
Ni en la receta homeopática
Ni en la con estrellita verde
Ni en tu copa de vino
Ni en tu comida thai
Ni en tus mails
Ni en tu *Facebook*
Ni en tu *LinkedIn*
Ni en tu futuro
Ni en tu agenda
Ni en la galleta de la suerte china
Ni en tu tarot
Ni cuando amanece
Ni cuando trasnochas
Ni cuando rezas

Ni cuando gimes
Ni en tus sueños
Ni en tus desvelos
Ni cuando ríes
Ni cuando bailas
Solo cuando lloras
Solo cuando lloras

Sí lo sé
Claro que lo sé
El sol se esconde
El año acaba
El amor se va

Tu corazón
pasta en una loma
como una vaca vieja
Mira las nubes pasar día a día
sin ningún apuro
A lo lejos ve otro corazón
que corre vigoroso
Lo mira un rato
Le llama la atención su energía

Baja su cabeza
y sigue pastando en una loma
como una vaca vieja

¿Cómo dos ojos pueden mirar
con tanto desprecio
y con tantas ganas
sin pestañear?

Conversación

Bostezo

Punto Final

Tengo recuerdos borrosos de esa noche
El Tango
El llanto
Tu mano
El adiós

Forgive me!
Forgive me!

Me gritabas en la cara
Y yo pensaba
Por qué mierda
me lo dice
en inglés

Y ese último balazo
Ese tiro de gracia
que me iba
a poner de rodillas y
azotar la cabeza en la tierra
no fue tal

La bala entró
por la nuca y
salió por entre los ojos

Y siento cómo
el viento me enfría
la cabeza
cada vez que se prende
tu recuerdo

En un día
como hoy
con el cielo
como papel lustre gris
asistimos a un funeral

¡Se murió el destino!
Por fin fuimos libres

Arranca
Corre
Huye
de esos lugares
donde el fuego está muy frío
el sudor muy seco
y el amor muy pensado

Te veo
y se me pasa
la vida por delante
Nuestra vida por delante
Como cuentan
que pasa
antes de morir

Y por un rato
te quedas conmigo
flotando en el aire
como una burbuja
que soplo suavemente
para que explote

Me acuerdo
cuando tus labios
eran dos maderos
de los que me
agarraba para
mantenerme a flote

En ese espacio
llamado silencio
Hay desiertos
glaciares
mares muertos
y bosques incendiados

En ese espacio
llamado silencio
caben eternidades
segundos
súplicas y oraciones

En ese espacio
llamado silencio

En ese espacio
llamado silencio

Busco tus besos
en otras bocas
Tus humedades
en los pliegues
de otras sábanas

Como bichos en el parabrisas

Como bichos aplastados y pegados

Por ir demasiado rápido
cargo tantos muertos
en el corazón

Tenía el corazón en la garganta
La boca en la guata
Los ojos en la frente
El destino en la mano

Hay días
que los recuerdos
amanecen
más cerca
que de costumbre
Tanto
que les puedo
apretar el pescuezo

Salen arrancando
despavoridos
por un tiempo

Pero siempre
Siempre
me dejan
tu olor
en las manos

Eres tan invisible
tan memoria
que te haces
querible
agarrable
Y quizás con verte
quizás con darte
un beso en la mejilla
te transformas en humo
que bailando sube
al cielo
desapareciendo para siempre

Contaré tu historia
como se cuentan este tipo
de historias
Hasta el cansancio
Con el bolsillo del pantalón
agarrado por dentro
Con la vista extraviada
Imaginando en las nubes
lo mismo que estoy contando
Sordo a preguntas
Con un hilo de voz
Despacito
Como si te estuviera
diciendo

—¿Te acuerdas?
Dime que te acuerdas

Las cicatrices
dicen en sistema
Braille
tu nombre

2

Chocaron de frente
Ella venía leyendo un libro
Él viendo su celular
Se miraron un rato
No supieron qué decir

En un café
a mesas de distancia
levantamos la vista
y nos encontramos

Nos miramos fijo
Un segundo
Un rato
Un año

No había sonrisas
No había pestañeo
No había tiempo
No había aire
No había nadie más

No
no me digas tu nombre
Que cuando te vayas prefiero
recordarte como
Labios
Ojos
Versos

En bicicleta
De esas feas que se desarman
De negro entero
Muy vestida para andar en Bici
Con anteojos oscuros
Muy elegantes para andar en Bici
Con la espalda muy recta
y los brazos muy tiesos
para andar en Bici

Se baja y me regala
una sonrisa impactante
Sus dientes están manchados
con *rouge* rojo
El mismo que tienen sus labios
muy pintados para andar en Bici

—Mira

Abriste las manos
y me mostraste un pescadito
que boqueaba agonizando

Solo lo mantenían
vivo
tus lágrimas saladas
que lo mojaban
cada cierto
tiempo

En tus ojos
veo
el mar en llamas
la palabra torcida
la espalda
la boca cerrada

Ojos claros
Ojos turbios
Ojos tuyos

A las ciudades
las prefiero igual
que las mujeres
Con sus arrugas
y sus canas
Sin esos modernos
edificios
de *bótox* en los labios

Qué manera de hablarme
en el silencio
De tomarme la mano cuando
camino solo
De tocarme la oreja cuando
estoy concentrado

Qué maneras de hablarme
en el silencio
De gritarme cada noche
De susurrarme en la madrugada

Qué manera

¿Qué pasa en tus ojos
cuando los cierras?

¿Qué ven?

¿Ven cielos brillantes
o noches aplastantes?

¿Sonríen encandilados
o se acostumbran a la
oscuridad y a las formas
que te susurran despacio?

Tenías tanta
pena en tus ojos
que brillaban como
bolitas de cristal
lavadas con agua fría

Secadas con un paño
de nostalgia

Sin pelusas
Sin polvo

—Quiero tu beso

y detrás de esa frase
iba pegada mi boca

Y en la cama
agarré la sábana blanca
como bandera
y me rendí
sin condiciones

Y si llegamos
hasta donde termina el mar
y nos caemos en otro cielo

Como sábana
recién lavada
me entrego
al viento

De reojo
la veo en la puerta
Como un niño travieso
que no quiere que lo vean

Pero lo siento

Es el pestañeo
antes de la explosión
La mano en alto empuñada
del director de orquesta

Agacho la cabeza
y dejo que el silencio
me invada
Como el mar
mojando mi ropa
Como la humedad
quedándose conmigo

Es tan difícil que me acurruques en tus brazos
Que me soples las pestañas
Que me mires mientras yo cierro los ojos
Que me toques las orejas
y me susurres palabras
que se desvanezcan sutilmente

Es tan difícil
que por algunos minutos
desaparezca todo
y quede solo yo
como tu sol

Soñé que te perdía
Que te perdías
Te grité
Te rogué que dejaras
marcas en los árboles
para poder seguirte
pero no escuchaste

Solo me quedaba seguir tu olor
que flotaba en el aire

Pero un trueno avisó
—Apúrate que se viene la lluvia
Cuando caiga va a lavar la tierra
Tu cara
Su olor
La vida

Me desperté
cuando me pasaba
cariñosa
su mano por mi cara
diciéndome

—Duerme

Me despierto
Duermes
Te miro
Duermes
Me ducho
Duermes
Me visto
Duermes
Te miro
Duermes
Me voy
Despiertas

Siempre te entrego
la responsabilidad
y termino pensando
que esperas que sea yo
el que tire la piedrita
a la ventana

Cuando tienes cerca
a alguien que te quiere
No lo alejes
No lo sueltes
Mira que los volantines
que vuelan hacia el mar
nunca vuelven

Y le dije

—Sigue el camino amarillo
y habla con el mago
Él una vez
ya le regaló
a alguien
el corazón
que no tenía

Recuerdo que tu brazo
era un ala
Tu aliento un tornado
Tu nariz
un trozo de tierra
entre dos océanos

Y tu boca
Tu boca

Un abismo
sin luz
ni fondo

Si mi corazón fuera mar
chocaría contra tu roca
una y otra vez
A veces calmo
siempre temporal

Te acogía como la orilla
Te ibas como el mar

No son solo ojos
Son pájaros emigrando del frío
Olas reventando en el aire
Espejismos en desiertos calurosos

3

Te amo
Te odio
Te omo
Te adio
Te amio
Te odo
Te odio
Te amo

Solos
En un lugar solo

Separados por metros

Miramos al infinito

Miramos ese espejismo
que se produce donde
termina la vista

Silencio

Calor

Sabemos que uno de los
dos debe ganar
Que no existen
los empates

Y esperamos pacientes
Esperamos como dos cactus
peleando por el agua

Al borde de un acantilado
ambos mirando el mar

Estábamos cerca
menos de un metro
pero realmente
estábamos a
kilómetros

Recién me acabas
de decir lo que
me dijiste
Yo no dije nada
Permanecí
en silencio
Templado
Frío

Sabía que
no había más
No había
otra cosa
que hacer
más que acercar
el final al pecho

Había viento
Mucho viento
Seguramente
estabas con
la nariz roja
y una sonrisa
triste en la cara
(no te miraba)

Sentí que alguien
hablaba

Miré de reojo
y no
era el viento
que me susurraba
al oído

Ya no eres nada

—Esto se alargó más de lo aguantable

le dijo un roca al mar

—Lo siento
no puedo parar

recibió de respuesta

En ese preciso instante
en que solté tu mano
nació un nuevo universo
de estrellas negras
y planetas muertos

Fue cosa
que cerraras la puerta
para que empezara
a moverse todo
Terremoto
Maremoto
Tornados
Huracanes
y volcanes estallando

Fue cosa
que cerraras la puerta
para que partiera
un cataclismo en mi naturaleza

Te fuiste y nunca más
se volvió a ir el frío

Te fuiste y nunca más nos sacamos
la bufanda del alma

Viajé todo el día
Toda la noche
Toda tú
Todo yo
Todos los soles
y oscuridades
Todos los paisajes
Las neblinas
Y no hubo caso
No te pillé

Pasaste tan rápido
tan deprisa por mi vida
que el polvo que levantaste
se alojó en mis pulmones
y tiño de rojo mis ojos

Todo fue tan rápido
No alcancé a mover la cabeza
A apretar los dientes
A cerrar los ojos

Y te lloré
Te lloré como todos
También como nadie
Te lloré por la nariz
por los pies
y por las manos
Te lloré todo yo
Todo yo te lloraba
Y al final cuando paré
Los ojos se me llenaron
de lágrimas

Lavamanos blanco
Limpio
Inmaculado
Una gota de sangre
Dos gotas de sangre
Un chorro de sangre
Me miro al espejo
Lloro

Y me voy *pa* dentro
Pa dentro
Pa dentro
Y me refugio
entre vísceras
y fluidos

A veces te echo
tanto de menos

Como un brazo cortado
Como un ojo menos
Como el olor a mar

En la tristeza
más triste
las lágrimas llueven
hacia adentro

Con el hocico
lleno de sangre
le ladraba a la luna
Llamándote
Llamándote

El segundo terrible
es cuando pasas
de recuerdo
a olvido

Y le encargué al tabaco
que te fueras como humo

Al final
solo
me dejaste
letras

Las cosas a veces pasan
A veces fueron
A veces son
A veces fue

NO HAY NADA
MÁS FRÍO QUE LA
BASTARDA TIBIEZA

PENSAMIENTOS INTERMEDIOS

Me como las uñas
me como las manos
me como la pena
me como la rabia
Y desaparezco después
del último mordisco

Hoy las letras
murieron
La garganta es un
cementerio
Tus oídos están
de luto
Pongamos flores
Prendamos velas
Leamos un discurso
en silencio
Dibujemos en su
lápida lágrimas y lirios

Y leo
Y leo
Escriben tan bonito
Con tanta música
Con palabras
que caen del cielo
Sutiles
Mágicas
Y yo me encuentro
tan fierro
oxidado de puerto
Tan quiltro
en mis palabras

Y mis palabras
arrancaron
por el suelo
como un collar
de perlas cortado

No querer
despertar
No abrir los ojos
No cerrar los ojos

No pestañear
No tener ojos

Yo soy la calle
No la biblioteca (que me gustaría)
Ni la Universidad (que me hubiera gustado)
La calle
El grifo que nunca se ha usado
El semáforo que no funciona
El choapino pisado que dice bienvenido

Lavo los platos
Me lavo las manos
La cara
Tu cara
Tu todo
de mi nada

No es el oxígeno
lo que nos mantiene vivos

Son las ganas

Caminaba e iba tocando el techo
El alma iba afuera del cuerpo
y no se agachaba

Sin manos me quebré los dedos
Sin piernas arranqué a perderme
Sin boca
Cómo puedo vivir sin boca

Se nos caen los pelos
se nos caen las carnes
se nos caen las penas
se nos caen los mocos

Un globo
es aire muerto
flotando

Mi problema
Mi grave problema
Es nadar profundo
donde solo
hay que flotar

Cuando me muera
y me metan en un cajón
quiero que me ordene
un verdulero
Que ponga las cosas bonitas
en primera fila
y lo podrido
atrás escondido

Las líneas que se ven
en el corazón
no son venas
Son grietas
rellenas de pastamuro
y pena

97

El tiempo
se pone tan nervioso
cuando decide
si 1 año es un siglo
o 5 horas un suspiro

La duda
no usa signos de interrogación
Solo de exclamación
Gritos
Ecos
Aplausos en la cara

A veces se me incendia la mano
y más que escribir
mando señales de humo

La punta de la lengua
son mis manos
Mis dedos
Letras que hablan bajito

Hubo un tiempo
que mi corazón estaba sordo
Cojo
y con una costra infectada
que no me dejaba respirar

Pensar que un día
el corazón del mundo
va a dejar de latir
y las olas
no van a llegar
nunca más
a la orilla

Viento de mar
Soplo de sal
Cierra ojos
Llena almas
Destapa cabezas
Las envuelve
Revuelve
Despeja
Aleja
Todos somos un poco pelícanos
Todos sabemos volar

ÍNDICE

1 9
2 39
3 67
No hay nada más frío que la bastarda tibieza 91

LA BASTARDA TIBIEZA